Groove High

L'école de danse

Duo surprise

À Jean-Philippe et Eddy.
V. T.

Pour leur aide de toujours, un très très grand merci
à Élise et Simon.
Special Thanks to Arthur *pour sa précieuse contribution*
aux couleurs ^_^ !
V. T.

Amélie Sarn

Duo surprise

Illustrations de Virgile Trouillot

MILAN
jeunesse

Moi, c'est Zoé. J'ai 14 ans et je réalise mon rêve : aller à Groove High pour devenir chorégraphe !
Vic : ma meilleure amie depuis le CP. Belle, blonde, toujours à la pointe de la mode, elle est en plus super bonne en cours !
Léna : elle est trop cool ! Sportive, rebelle, mais aussi très désordonnée ! Paco, son caméléon catastrophe, est toujours dans ses poches.
Tom : super sympa mais aussi super gaffeur, il est fou amoureux de Vic, qui ne s'intéresse pas du tout à lui.

Ed : un peu froid et mystérieux au premier abord, c'est un garçon hyper gentil et un super bon danseur !
Iris Berrens : notre directrice. On l'admire tous, même si elle est parfois très dure avec ses élèves.
Zach : le meilleur copain de Luka, lui-même frère de la terrible Kim. Un passionné de capoeira et de basket...

Chapitre

1

Rats d'opéra

– Chers élèves…

Nous sommes tous réunis dans le grand amphithéâtre aux sièges de velours rouge. Quand je dis tous, je ne parle pas seulement de la Groove Team, ni même des première année de Groove High… Non, il s'agit de toute l'école, de la première à la troisième année. Il règne dans l'amphithéâtre une certaine solennité.

– Nous sommes au mois de mai, poursuit Iris Berrens, et cette année ne va pas tarder à toucher à sa fin…

À ces mots prononcés par notre directrice et professeur de danse, je sens une boule obstruer ma gorge. La fin… C'est terrible ! Je ne peux pas imaginer que cette année extraordinaire, pleine de rebondissements, de disputes, de fous rires, de peurs et de délires ait une fin... Je jette un coup d'œil à Vic qui est assise près de moi. Elle passe sa mèche blonde derrière son oreille droite pour la quinzième fois en moins de deux minutes. C'est toujours ce qu'elle fait quand elle est énervée ou qu'elle a le trac. À côté d'elle, Tom est immobile comme une statue. Étonnant pour ce garçon qui, en temps normal, ne cesse de s'agiter que pour manger.

Je tourne la tête vers Léna et Ed qui sont placés sur ma gauche. Léna a ôté son foulard et Ed a les sourcils froncés par une intense concentration.

Kim la peste et ses clones se regardent les ongles d'un air inspiré.

Dans l'amphi, la voix claire et un peu sèche de Mlle Berrens résonne.

– Et avec la fin de l'année, arrivent les évaluations !

Cette fois, un frisson me parcourt des pieds à la tête. Évaluations ! Argh ! Pourtant, je sais que c'est pour ça que Mlle Berrens nous a convoqués, mais ça me terrifie.

Iris Berrens n'est pas seule sur la scène de l'amphi. Derrière elle, sont alignés nos autres professeurs. D'un geste, Mlle Berrens désigne Khan, professeur de yoga et professeur principal des première année.

– Je vais laisser Khan vous expliquer les modalités pratiques et le déroulement de ces évaluations qui commenceront le mois prochain. C'est surtout pour les première année, car j'ose espérer que les autres n'ont pas tout oublié. Mais en premier lieu, je tiens à vous préciser qu'un mois, c'est très court pour le niveau que nous vous demandons et que vous devrez donc travailler d'arrache-pied. Je vous rappelle également qu'à Groove High, nous exigeons rien de moins que l'excellence et qu'aucune médiocrité ne sera tolérée. N'oubliez pas que ceux qui échouent à cet examen ne passeront pas en année supérieure et seront donc exclus de notre école. Quant aux troisième année, c'est la clé de leur réussite ou de leur échec professionnel.

La boule dans ma gorge me tombe dans l'estomac. Évaluations, excellence, médiocrité, exclus... les mots d'Iris Berrens pirouettent dans ma tête.

– Jeunes filles et jeunes gens...

Mlle Berrens a laissé la place à Khan et c'est à présent sa voix chaude qui emplit la salle.

– Comme vient de vous l'expliquer Mlle Berrens, les examens commenceront dans un mois à compter d'aujourd'hui. Avec vous, seront évalués les élèves de l'académie Kauffmann. Nous attendrons de vous encore plus que d'habitude car c'est à nous, la Groove High, qu'il revient cette année de recevoir la Kauffmann. Vous avez pour devoir d'accueillir du mieux possible ces élèves avec qui vous aurez sans aucun doute l'occasion de travailler lors de votre carrière.

Khan fait une pause. Ses yeux bleus – ses *magnifiques* yeux bleus ! – (Khan est notre prof, je sais, mais il est aussi tellement *beau* !) semblent plonger dans les yeux de chacun d'entre nous.

– Le jury sera constitué de professeurs de Groove High mais également de professeurs de la Kauffmann. Vous serez donc en partie jugés par des professionnels qui ne vous connaissent pas. Cette façon de procéder nous permet d'obtenir la plus grande impartialité. L'examen est composé d'un programme de groupe, où chaque promotion s'exécute sur une chorégraphie imposée, et d'une épreuve personnelle, où vous devrez présenter une composition originale. Pour cette dernière performance, les élèves de première année, et seulement eux, devront se produire en binômes. À cet effet, Mlle Nakamura va vous distribuer des fiches de souhaits que vous devrez remplir et rendre dans trois jours au plus tard à Mlle Berrens. Sur cette fiche, vous pourrez noter la personne avec laquelle vous avez le plus envie de vous associer. Nous en tiendrons compte dans la mesure du possible.

Je me trémousse sur mon siège. J'ai beaucoup de chance : Vic, ma meilleure amie, est une danseuse extraordinaire et je bénéficierai forcément de ses grandes qualités. Je me penche en avant pour lui adresser un clin d'œil mais elle a les yeux fixés sur Khan. Elle se mordille la lèvre et se passe une nouvelle fois la mèche derrière l'oreille.

– Vous aurez donc un mois pour travailler et vous préparer. Vos horaires seront modifiés afin de vous permettre de passer le plus de temps possible en salle de danse. Bien entendu, Mlle Berrens et moi-même, ainsi que vos autres professeurs, sommes à votre disposition pour toute question ou tout éclaircissement... À présent, Mlle Nakamura, si vous voulez bien distribuer les fiches...

Nakamura-la-Murène, notre conseillère d'éducation, ainsi surnommée à cause de son sourire légendaire, descend de la scène, une pile de fiches à la main. J'ai des fourmis dans les jambes. Derrière nous, les deuxième et troisième année commencent à s'agiter et à parler à voix basse. Nous, les première année, avons été placés au premier rang. Nakamura remonte ses lunettes et tend à chacun un bristol rectangulaire. Je farfouille immédiatement dans mon sac pour attraper un stylo. Je vais la remplir tout de suite, la fiche, comme ça je pourrai la rendre aussitôt à Mlle Berrens.

– Je me permets d'attirer votre attention sur l'importance de ces fiches, lance à nouveau Iris Berrens. En effet, vous devez réfléchir au-delà de vos affinités personnelles et prendre en compte vos compétences respectives dans le cadre de la danse.

Je m'immobilise. Prendre en compte nos compétences respectives dans le cadre de la danse ? Oui, c'est ce que je fais. La coïncidence veut que ça corresponde avec mes affinités personnelles. D'ailleurs, on ne va pas gâcher deux bristols. On n'a qu'à en remplir un seul pour nous deux, Vic et moi.

À côté de moi, Léna se lève brusquement. Nakamura-face-de-dragon fait un pas en arrière et laisse échapper un petit cri. Léna se dandine, se tortille... Que se passe-t-il ? Elle est prise de soubresauts et tout à coup... elle se jette par terre,

comme terrassée par une crise d'épilepsie. Remise de sa surprise, Nakamura écarquille les yeux, se raidit, ouvre la bouche... Attention, elle va cracher le feu !

– Mademoiselle Rougedieux !

Léna, toujours allongée sur le sol de l'amphithéâtre, lève la tête et sourit d'un air bête.

– Oui, mademoiselle Nakamura ?

– Relevez-vous immédiatement ! Un peu de tenue !

– Euh... oui mademoiselle, répond Léna sans se départir de son sourire forcé. Tout de suite, mademoiselle.

Léna gigote de nouveau. On dirait un ver de terre qui essaie d'échapper à un rapace affamé. Mais qu'est-ce qui lui prend ?

Oh non ! C'est pas vrai ! J'ai compris.

Je me lance par terre à mon tour. Je dois à tout prix aider Léna. Si Nakamura le voit, nous sommes perdus !

– Mademoiselle Myer !

Nakamura est au bord de la crise cardiaque. Les autres élèves forment un cercle autour de nous. À travers ma mèche de cheveux, je distingue la silhouette de Khan au bord de la scène. Nakamura me fusille du regard. Je bafouille :

– Euh… excusez-moi, mademoiselle, j'ai trébuché…

Je glisse la main sous le siège où était assise Léna et… je l'ai ! Léna a vu. Elle se redresse et fixe Nakamura, toujours en souriant stupidemment. Mais maintenant que la salle entière nous observe, comment je vais faire pour récupérer cet idiot sans me faire repérer ?

– Oh attention ! s'écrie alors Tom en tendant le bras vers le fond de la scène.

Aussitôt, tout le monde tourne la tête. C'est le moment ou jamais ! Viens par là, sale bête. Je le serre dans ma main et je le glisse dans le sac de Léna que je referme. Ouf, sauvés !

À présent, tous les regards sont fixés sur Tom.

– Oh, euh, rien en fait, bégaie-t-il, j'avais cru voir un... euh... une... enfin, vous savez...

– Un rat ! intervient Vic. Oui, moi aussi, je l'ai vu. Il courait là-bas, dans le fond de la scène !

– Aaaaaah, un rat ! hurle Kim en sautant sur l'assise du siège en velours rouge. Quelle horreur ! Vite attrapez-le ! Viiiiiite !

Aussitôt, une véritable hystérie s'empare de la plupart des filles. En moins d'une minute, elles sont une dizaine, debout sur les fauteuils, en train de pousser des cris stridents. Oh non, tout ça pour Paco !

Une étincelle de malice passe dans les yeux de Tom. Il tend le doigt sous le siège de Kim et crie :

– Là ! Il est là !

Dans un hurlement déchirant, Kim vacille et, alors qu'elle allait tomber, Ed, qui se trouve juste à côté d'elle, tend les bras et la rattrape !

Joli réflexe, Ed ! Mais bon, dommage quand même, j'aurais bien aimé assister à la chute de Kim la peste !

Kim s'accroche comme une folle au cou de Ed, qui essaie de la rassurer comme il peut :

– Ne t'inquiète pas, Kim, je suis sûr qu'ils se sont trompés ! Il n'y a pas de rat à Groove High !

– Hum, hum, toussote Iris Berrens. Je crois que je ne peux qu'être d'accord avec M. Edward Kauffmann. Il n'y a jamais eu de rat à Groove High à l'exception des rats d'opéra ! Vous pouvez sortir à présent. Comme tous les mercredis après-midi, vous avez quartier libre. Profitez-en bien. Si je ne me trompe, vos temps libres à venir vont se réduire comme peau de chagrin.

– En ordre et en silence ! ajoute Nakamura de sa voix de capitaine de la garde.

Personne ne traîne. Léna ramasse son sac et le serre contre elle. Ce n'est pas le moment que Paco recommence ses bêtises !

Ah oui, je ne vous avais pas dit... Paco, son caméléon, c'est lui qui s'est échappé de son sac tout à l'heure. C'est pour le récupérer qu'on a été obligés de faire tout ce cirque !

– Pourquoi est-ce que tu as amené ta bestiole avec toi ? siffle maintenant Vic à l'oreille de Léna.

Léna prend un air embarrassé.

– Je... je ne voulais pas qu'il rate cette réunion.... Tu comprends, c'est un moment important...

Vic ne la laisse pas terminer, elle agite la main et secoue la tête d'un air navré.

– Oh, arrête ! lance-t-elle.

Vic déteste Paco – qui pourtant l'adore, c'est sur son lit qu'il préfère se prélasser ou faire des galipettes – et Léna est complètement gaga avec son reptile. Pas de discussion possible entre elles sur ce sujet !

Pendant que nous sortons, Tom s'accroche au bras de Vic. Elle s'empresse de se dégager. Tom n'en prend pas ombrage ; il est habitué !

– Merci de ton soutien, Vic, lui dit-il. Heureusement que tu étais là, parce que je ne savais vraiment pas quoi dire. Le coup du rat, c'était génial !

– N'est-ce pas ? rétorque Vic. Et tu sais comment j'y ai pensé ? En te regardant !

Vic assortit cette réplique d'un clin d'œil, pour que Tom ne se vexe pas.

Précaution inutile, à mon avis. Vic pourrait sortir n'importe quelle vacherie à Tom, il serait aux anges de toute façon.

Dans le couloir, les élèves se sont mis à parler. Les conversations sont animées. Un seul sujet : les évaluations.

Tom passe son bras autour de mon cou et m'entraîne à l'écart.

– Zoé, j'ai un service à te demander.

Il a pris un air grave et ne cesse de jeter des regards anxieux derrière lui, comme s'il avait peur d'être espionné. Qu'a-t-il encore fait, mon gaffeur préféré ?

– Je ne voudrais pas que Vic nous entende, chuchote-t-il.

Je fronce les sourcils.

– Pourquoi ?

Oh oh, je suis inquiète.

– Parce que je ne sais pas quoi lui offrir pour son anniversaire et tu es la seule qui puisse m'aider. Tu la connais mieux que personne…

Je hoche la tête. Je suis rassurée. Tom n'a pas fait de bêtise pour une fois. Et il a raison : Vic et moi nous connaissons depuis le CP. Nous avons exécuté nos premiers entrechats ensemble. Demain, elle aura 14 ans, et nous lui avons préparé une surprise pour son anniversaire. Elle ne se doute de rien. Ça va être génial !

– En fait, poursuit Tom, je voudrais que tu m'accompagnes en ville cet après-midi, pour m'aider à lui trouver quelque chose. Tu veux bien ?

Je souris. Tom sait très bien que je ne peux rien lui refuser quand il me fait ces yeux-là.

– Ça marche, pas de problème, Tom.

Tom pousse un cri de joie, comme si je venais de lui sauver la vie !

– Géniaaaaaal ! Zoé, tu me sauves la vie !

Qu'est-ce que je disais ? Mais une fois de plus, tous les regards se sont tournés vers nous.

Pas grave, on est habitués !

Chapitre 2

Le cadeau idéal

Vic est d'une nature stressée. Elle a toujours l'impression qu'elle ne sera pas assez bonne, qu'elle n'a pas assez révisé, pas assez travaillé ses pointes, ses jetés ou son grand écart.

Mais aujourd'hui, c'est pire que jamais. Le discours de notre directrice l'a mise dans tous ses états. Elle a avalé son déjeuner en trois minutes et est partie en courant vers la salle de danse. Ed – qui est encore pire qu'elle – a quand même attendu que nous fassions un dernier point sur la surprise de demain soir avant d'aller la rejoindre.

Tout est réglé comme du papier à musique : la banderole, le gâteau, les bougies, les cadeaux... (enfin, sauf celui de Tom). Nous nous sommes mis d'accord sur un timing précis. Vic ne va pas en revenir ! J'ai hâte de voir sa tête !

– Bon, on y va ?

Tom me fait penser à un petit chien à qui on a promis une promenade. Il ne tient pas en place. Je me lève de table.

– Vous allez où ? me demande Léna.

Je lève les yeux au ciel.

– Tom a besoin de moi pour trouver un cadeau à Vic. Je lui ai promis de l'accompagner en ville…

Tom m'interrompt.

– C'est que je ne veux pas un cadeau banal pour Vic. Je veux lui trouver quelque chose d'extraordinaire, qu'elle n'oubliera jamais !

Léna réprime un sourire.

– Et tu as économisé combien ? demande-t-elle d'un air malicieux.

Je vois très bien ce qu'elle veut dire. Vic est une vraie *fashion victim*. Elle aime les choses… chères. Les vêtements de marque, les objets griffés, les gadgets à la mode… Pour cette raison, c'est un vrai casse-tête de lui faire plaisir. Moi qui la connais depuis toujours, je sais pourquoi elle attache tant d'importance à l'apparence. Ses parents ne sont pas riches ; elle a toujours dû se contenter du moins cher et elle a toujours désiré ce qu'elle ne pouvait obte-

nir. Cette année, elle fait parfois du baby-sitting le week-end. Ce qui lui a permis de s'acheter par exemple un téléphone portable dernier cri. Et d'autres petites choses hors de prix.

Tom hausse les épaules.

– En fait, j'ai quarante euros...

– En ce cas, je comprends que tu aies besoin de l'imagination de Zoé, rétorque Léna.

Tom soupire. Je lui pose une main sur l'épaule et je le rassure.

– T'inquiète, je suis sûre qu'on va trouver. Dis, Léna, tu ne veux pas venir avec nous ? Plus on est de fous...

Léna secoue la tête.

– Désolée, j'ai rendez-vous avec mon frère cet après-midi.

Yaël, le frère de Léna, est élève à l'académie Kauffmann, l'autre grande école de danse, dirigée par le

père de Ed. Yaël est dragueur et frimeur. À part ça, en cherchant bien, on peut sûrement lui trouver des bons côtés. Récemment, il nous a accompagnés à une sortie et il s'est passé un truc incroyable ! Il a craqué sur Kim ! Oui, Kim la peste. Dingue, non ? Enfin, bon, j'ai cessé de chercher à comprendre. Apparemment, ils sortent ensemble. Yaël a demandé une fois à Léna de jouer les messagères et de donner un petit mot de sa part à Kim. Bien sûr, Léna a refusé. Moins on parle à cette furie,
mieux on se porte !

– Mais...

Léna fronce le nez. C'est son tic à elle quand elle veut poser une question à quelqu'un.

– Je voulais te parler d'un truc, Zoé...

Qu'est-ce que je disais ?

– Oui ?

Léna a l'air gênée. Étrange. Léna n'est pas du genre à être gênée...

– Euh... je voulais... enfin...

– Oui ?

Léna me regarde, elle semble hésiter. Elle s'apprête à parler, se ravise, et lâche finalement :

– Non, laisse tomber, c'était une bêtise. C'est évident en fait, je ne sais même pas pourquoi je me posais la question... Pour les examens, tu te mets avec Vic ?

Un sourire éclaire mon visage.

– Oui, bien sûr ! On va faire une équipe parfaite !

– Zoéééé ! miaule Tom.

Hou là... Tom n'en peut plus. Je crois que nous devons vraiment y aller cette fois.

– Bon, on en rediscute plus tard, Léna. À tout à l'heure !

– Ouais, salut. Amusez-vous bien.

– Non, non, non.

Tom secoue la tête. Je lève les yeux au ciel. Dans combien de boutiques sommes-nous entrés ? Combien d'objets ai-je proposés ? Je ne peux plus compter. Et à chaque fois, Tom me répète la même chose :

– Non, non, non. Ce n'est pas assez extraordinaire.

Heureusement que je suis dotée d'une patience légendaire... Grrrr !

Nous sortons de la boutique sans acheter le joli porte-clés Dior – à quarante-deux euros, le porte-clés ! – que j'avais dégotté.

Tom semble désespéré.

– Je ne t'ai pas tout dit, Zoé, marmonne-t-il soudain.

Je fronce les sourcils.

– Quoi ?

Tom lève timidement les yeux vers moi.

– J'ai un plan.

– Un plan ? Quel plan ?

Au secours, Tom a « un plan » ! C'est la pire nouvelle de la journée...

– En fait... reprend Tom. En fait, je... j'ai l'intention de... de demander à Vic de sortir avec moi juste après qu'on lui aura remis les cadeaux.

Je retiens un soupir. Comment faire comprendre à Tom sans le blesser que ses chances sont moins élevées que le QI de Clarisse et Angie réunies, les clones de Kim la peste !

Mais je n'ai pas à user ma salive. Bouche bée, Tom ne me voit même plus. Il a les yeux fixés sur une vitrine. Je suis son regard.

Là, juste devant nous, un mannequin est vêtu d'une jupe et d'un magnifique petit blouson de cuir. Exactement dans le style de celui que rêve de posséder Vic.

Elle nous a assez bassinés avec ce blouson. Elle nous a montré des dizaines de photos dans des magazines de mode représentant telle actrice ou tel top-modèle avec ce genre de blouson sur le dos. « C'est super branché », nous a-t-elle répété jusqu'à ce qu'on ait envie de l'étrangler.

Mais le mieux, le mieux, c'est que l'étiquette accrochée à la manche du blouson annonce : *34,95 euros*.

Ce n'est pas possible, ce doit être une erreur...

Je m'approche. Non, ce n'est pas une erreur. La jupe est étiquetée à 12,90 euros, le chapeau à 6,30 euros.

Je lève la tête vers l'enseigne de la boutique.

TROCATOUT.

C'est donc ça ! Je comprends. D'ailleurs, tout est expliqué sur une affichette collée sur la vitrine. Tom a le nez dessus.

– Trocatout est une entreprise caritative. Les bénéfices de la vente de ces vêtements d'occasion sont intégralement reversés à une association qui aide les enfants démunis à partir en vacances... lit-il à voix haute. C'est génial ! ajoute-t-il. Viens, on entre.

Je le suis. Tom inspecte le blouson sous toutes les coutures.

– C'est quasiment impossible de deviner qu'il est d'occasion, me chuchote-t-il. À part une petite tache sur la poche intérieure, il est comme neuf. Il n'a pas dû être beaucoup porté. Et regarde...

Tom pose son index sur l'étiquette du blouson. Luciano Ameretti. Le grand créateur ! Incroyable !

Tom ne réfléchit pas plus longtemps. Il le tient, son cadeau extraordinaire, que Vic n'oubliera jamais !

– Salut les filles !

Je rentre dans la chambre que je partage avec Vic et Léna. Tom est parti dans sa chambre à lui, tout excité, pour emballer le blouson. Il est aux anges. Pendant tout le trajet du retour, il m'a rebattu les oreilles avec la tête que ferait Vic quand elle découvrirait ce qu'il lui avait acheté.

Léna est dans la mezzanine, allongée sur son lit avec Paco. Elle ne semble pas en superforme. Je regarde autour de moi.

– Vic n'est pas là ?

– Non, répond Léna sans lever la tête. Elle est toujours en salle de danse.

Je me laisse tomber sur une chaise, épuisée par mon shopping. Je m'étire et j'informe Léna :

– Tom a trouvé un super-cadeau pour Vic !

Léna garde les yeux rivés sur Paco. Qu'est-ce qu'elle a ? Je lui demande :

– Ça ne va pas, Léna ?

Léna hausse les épaules et marmonne quelque chose qui ressemble à : « Qu'est-ce que ça peut te faire ? »

Je me lève et je m'approche d'elle.

– Quelque chose te tracasse ? Ton frère a des problèmes ?

Elle secoue la tête.

– Non.

– C'est les examens ?

– Hmmm.

Je secoue la tête, je ne comprends rien. Soudain, Léna descend, Paco dans les bras. Elle se dirige vers la porte. Avant de sortir, elle me lance sur un ton amer :

– Tu as de la chance d'être aussi sûre de toi ! Mais est-ce que tu es vraiment certaine que c'est avec toi que Vic voudra danser ?

Sur ces mots, elle claque la porte derrière elle.

Mais quelle mouche l'a piquée ? Pourquoi est-elle en colère ? Et pourquoi me dit-elle ça ? Est-ce qu'elle aurait appris quelque chose que j'ignore ? Est-ce que Vic se serait confiée à elle ? Un doute m'étreint.

Je sais que c'est mal, mais je ne peux pas rester sans savoir.

Comme d'habitude, le bureau de Vic est parfaitement bien rangé. Où chercher ? J'ouvre ses tiroirs... rien. Son agenda ? Oui, la fiche, c'est là qu'elle l'a rangée. Et elle l'a remplie. Je ferme les yeux. Tout à coup, je ne veux plus savoir.

Mais je ne résiste pas longtemps. J'ouvre doucement les paupières. Et je lis.

Je lis deux lettres.

Vic demande à faire équipe avec Ed !

Chapitre 3

Tu danses avec moi... ou pas ?

Je bâille. Je n'ai quasiment pas fermé l'œil de la nuit. Quand nous avons retrouvé Vic au réfectoire hier soir, elle était épuisée. Elle a grignoté et est partie se coucher. Moi, je rongeais mon frein. Je la regardais de travers et je ne lui répondais que par onomatopées. Elle n'a même pas remarqué. Le pire, c'est que Léna a l'air de me faire la tête à moi ! C'est dingue ! Je ne sais pas ce qui lui prend. Quand elle est revenue dans la chambre, j'ai commencé par ne pas être capable de parler et puis j'ai explosé et je lui ai tout raconté. Je me sentais tellement trahie ! C'est vrai quand même, Vic et moi, c'est une évidence ! C'est d'ailleurs ce que j'ai dit à Léna, je comprends que Vic ne veuille pas danser avec n'importe qui, mais moi ! Moi ! Non seulement je suis son amie d'enfance mais en plus j'ai un vrai sens de la chorégraphie !

Léna n'a absolument pas compati. Elle est restée silencieuse tout le temps. Pour finir, elle a haussé les épaules, est remontée dans son lit et a enfoncé son casque sur ses oreilles.

Toute la nuit, j'ai tourné et retourné le problème dans ma tête. Pourquoi Vic veut-elle danser avec Ed ? Oui, bien sûr, Ed est un excellent danseur. Sans doute le meilleur de notre promotion avec Vic et Kim la peste, mais est-ce que c'est une raison suffisante pour me laisser tomber ?

Du coup, ce matin, je suis encore plus en colère qu'hier soir. Je me suis levée sans un mot, j'ai pris ma douche et je suis sortie de la chambre.

Nous sommes maintenant au self. Léna est impénétrable et Vic excitée comme une puce. Alors qu'hier, c'était impossible de lui tirer deux mots, aujourd'hui, elle n'arrête pas de parler. Tom l'écoute comme si elle détenait la vérité suprême. Cela dit, ça ne l'empêche pas de manger. Il trempe sa tartine de miel dans son bol de chocolat et réussit à s'en coller partout autour de la bouche. Vic lui jette un regard dégoûté. C'est que mademoiselle Vic trouve que ce n'est pas « classe » de tremper. Elle nous a répété au moins mille fois que, si l'on devenait danseur ou danseuse étoile, nous serions probablement invités dans des grands hôtels. Nous devions donc apprendre les bonnes manières. Moi, je trouve surtout qu'elle se prive d'un truc délicieux : la tartine de miel trempée dans le chocolat chaud.

Et tout à coup, c'est la catastrophe. La tartine de Tom n'arrive pas jusqu'à sa bouche. Alors qu'elle avait atteint le niveau de son menton, trop imbibée, elle se déchire et un énorme morceau tombe… dans le chocolat, non sans éclabousser allègrement la table et… Vic.

Furieuse, elle se lève et se met à crier :

– Ah, bravo Tom, tu es vraiment le roi de la gaffe ! Non seulement tu es absolument écœurant quand tu manges, mais en plus tu te débrouilles pour que tout le monde en profite ! Décidément, mon pauvre, tu es irrécupérable...

C'est trop ! Je me lève et, à mon tour, j'élève la voix :

– Non, mais tu ne vas pas arrêter de harceler ce pauvre Tom qui ne pense qu'à te faire plaisir ! Il est adorable avec toi mais toi, tu es tellement égoïste que tu ne t'en rends même pas compte. Tout ce que tu es capable de faire, c'est critiquer et lâcher les gens qui t'aiment !

Je dois être rouge écarlate et Tom ne l'est pas moins. Autour de la table, mes amis me dévisagent, les yeux ronds. D'ailleurs, un grand silence règne dans le réfectoire et tous les regards sont tournés vers moi. J'aperçois dans le fond, à sa place habituelle, Luka, le frère de Kim – surnommé Luka Bogosse. Assis comme d'habitude à côté de son copain Zach, il me fixe avec un petit sourire aux lèvres.

Je pousse un grand soupir et, avec toute la dignité dont je suis capable, je sors de la salle, laissant battre la porte derrière moi.

– Zoé…

Je lève la tête. Je suis assise sur les marches extérieures du gymnase, le menton dans les paumes. Ils sont tous devant moi. La Groove Team au grand complet. Ed, Vic, Léna et Tom.

– Tu avais raison, souffle Vic, je me suis excusée auprès de Tom.

Je me mords la lèvre. Je sais combien il est difficile pour ma fière amie de présenter ses excuses et de dire à quelqu'un qu'elle s'est trompée. Ce geste doit lui coûter. Ça mérite un effort de ma part également. Je me lève, je prends une grande inspiration et je lâche :

– Non, c'est moi qui suis désolée. Je n'aurais jamais dû m'énerver comme ça.

Vic m'ouvre ses bras. Je m'y jette, en partie soulagée, en partie toujours aussi en colère. Quand elle me serre contre elle, je craque :

– Pourquoi est-ce que tu as mis le nom de Ed sur ta fiche ?

Vic me repousse.

– Quoi ? Tu as lu ma fiche ?

– Elle était sur ton bureau, je marmonne, un peu honteuse.

– C'est faux, je l'avais rangée ! s'écrie Vic. Tu as fouillé dans mes affaires ! Tu n'avais pas le droit !

– Non, c'est toi qui n'avais pas le droit, je rétorque. Normalement, on aurait dû présenter cet examen ensemble, toi et moi. Nous avons toujours tout fait ensemble en ce qui concerne la danse ! Et toi tu es allée voir Ed pour comploter un truc dans mon dos !

– Je ne suis pas allée voir Ed ! s'écrie Vic. Il n'était même pas au courant ! Je comptais lui en parler aujourd'hui !

Je me tourne vers Ed, qui semble abasourdi.

Bon, je veux bien accorder le bénéfice du doute à Vic, mais ça ne résout pas tout !

Je croise les bras sur ma poitrine.

– De toute façon, tu aurais dû m'en parler à moi d'abord !

Vic secoue la tête.

– Pourquoi j'aurais dû plus t'en parler à toi qu'à Léna ? lance-t-elle.

– C'est vrai ça ! intervient Léna. Pourquoi est-ce que tu ne m'en as pas parlé ? Et puis, ajoute-t-elle en se tournant vers moi, toi, Zoé, est-ce que tu t'es posé une seule fois la question de savoir avec qui je ferai équipe ? Parce que en réalité, tu n'as pensé qu'à toi ! Tu veux être partenaire avec Vic juste parce que tu sais qu'elle est meilleure que moi ou Tom...

Je l'interromps.

– C'est pas vrai !

Je ne peux pas la laisser dire ça !

Mais Léna est intarissable. Mains sur les hanches, elle regarde Tom :

– Quel est le nom que tu comptais mettre sur ta fiche ?

– Euh... celui de... de Vic, bafouille-t-il.

Les épaules de Vic s'affaissent et Léna me jette un regard triomphant. J'ai chaud et tout tourne dans ma tête. Est-ce que, j'ai voulu travailler avec Vic seulement parce que avec elle, j'ai plus de chances de réussir mon examen ? Est-ce que j'ai oublié de penser à mes amis ? Je ne sais plus et, pour une fois, je suis ravie d'entendre la sonnerie qui annonce que nous devons entrer en classe.

L'ambiance est tendue, très tendue. Léna m'évite, je détourne le regard quand Vic s'adresse à moi, Tom va de l'une à l'autre en déployant des trésors de diplomatie pour tenter de nous arracher un sourire.

Ed reste silencieux et un peu à l'écart. À midi, nous mangeons dans un silence quasi monacal. Même Tom semble découragé. Vic a posé son téléphone portable à côté de son assiette et, toutes les trente secondes, elle vérifie si elle n'a pas reçu de SMS. Je sais à quoi elle pense. C'est aujourd'hui son anniversaire et pas un d'entre nous ne le lui a encore...

– Bon anniversaire, Vic !

Zach et Luka sont près d'elle, un grand sourire aux lèvres. Les joues de Vic virent au rose fuchsia. Elle rêve de sortir avec Luka qui, en plus d'être beau, est un danseur merveilleux et le type le plus populaire de l'école. Le problème, et ça elle ne le sait pas parce que je n'ai pas osé lui dire, c'est que Luka... Luka m'a un peu fait une déclaration, il y a quelque temps. Je crois vraiment qu'il veut sortir avec moi. Oui, je sais, le Bogosse de l'école qui veut sortir avec moi, ça semble incroyable, mais c'est comme ça. Du coup, comme je suis réglo avec ma meilleure amie (moi !), je m'arrange pour éviter Luka.

– Merci, les garçons, dit-elle. Comment vous l'avez su ?

Zach fait un geste, les paumes vers le ciel.

– Mlle Anderson évidemment !

Bien sûr ! Pétula Anderson, que nous surnommons affectueusement Grand-Mère, est la secrétaire particulière d'Iris Berrens. Elle connaît tous nos dossiers par cœur.

– D'ailleurs, ajoute Zach en adressant un clin d'œil à Léna, tu aurais pu me le dire.

– Euh...

Léna est un peu gênée. Pour garder la surprise de notre fête, nous avons décidé de ne parler de l'anniversaire de Vic à personne et surtout de faire comme si de rien n'était avec elle jusqu'à ce soir. Je pensais que ce serait difficile pour moi de tenir ma langue et de ne pas me jeter au cou de Vic dès le matin en lui claironnant « Bon anniversaire », mais finalement, vu l'ambiance...

– Euh... bégaie Léna, en fait, euh, je ne me souvenais plus du tout que c'était aujourd'hui !

Du coin de l'œil, j'entrevois le visage de Vic. Il se décompose. Elle passe rapidement sa mèche derrière son oreille droite. Je sais exactement ce qu'elle est en train de penser : «Moi qui croyais qu'ils me préparaient une surprise ! En fait, ils ont *vraiment* oublié mon anniversaire. »

Elle déglutit, se lève et essaie de garder le sourire.

– En tout cas, merci, merci beaucoup, les garçons... et euh... excusez-moi...

Vic s'éloigne de la table à grandes enjambées. Elle doit être dégoûtée. J'interroge Ed du regard, il secoue imperceptiblement la tête. Oui, je sais, si je cours après Vic maintenant, notre surprise est gâchée.

Oh, et puis, tant pis, tiens. Ça lui fera un peu les pieds !

Zach et Luka froncent les sourcils.

– Ben, qu'est-ce qu'elle a ? demande Luka. Elle n'aime pas qu'on lui souhaite son anniversaire ou quoi ?

Le reste de la journée se déroule encore plus mal que la matinée. Vic ne nous adresse pas la parole. Elle se débrouille même pour éviter notre regard. Pendant la récréation, elle est restée dans un coin, son téléphone collé à l'oreille, éclatant de rire à intervalles réguliers. Je suis sûre qu'il n'y avait personne à l'autre bout. Je reconnais que ça m'a fait de la peine. Et je ne parle pas de Tom. Il n'a pas cessé de nous tanner, de nous supplier de l'autoriser à mettre fin au calvaire de Vic. Ed a tenu bon. « C'est un peu cruel, c'est vrai, mais je crois que ça vaut le coup. Imaginez la tête qu'elle fera ce soir. »

Depuis la crise du midi, Léna s'est un peu détendue. Elle reste quand même froide à mon égard. Je ne sais pas quoi lui dire. Je me sens piteuse et, en même temps, ça m'énerve de me sentir comme ça. Je continue de me demander si je n'ai pas été indélicate avec elle et, en même temps, je me dis que je n'ai rien fait de mal et que tout se passerait très bien si Vic ne m'avait pas lâchée. D'ailleurs, Ed n'a fait aucun commentaire sur l'envie de Vic de danser avec lui.

Il est 7 heures passées. Vic est dans notre chambre. Tom, Ed, Léna et moi sommes réunis dans la réserve de la bibliothèque – qui nous sert habituellement de salle de rédaction pour le *Groove Zine* – afin de mettre au point les derniers détails. Tom est passé au self accrocher quelques guirlandes lumineuses et une grande banderole sur laquelle nous avons peint nous-mêmes BON ANNIVERSAIRE en lettres de toutes les couleurs. Nous avons posé les bougies sur

le gâteau acheté en ville par Ed cet après-midi et nous finissons d'emballer nos cadeaux. Tom est super nerveux.

– Bon, je vais me changer, déclare-t-il en se levant.

– Te changer ? s'étonne Léna. Pour quoi faire ? Tu es très bien comme ça.

– Oui, euh... non, j'ai... prévu... enfin...

Sans finir sa phrase, il contourne la table. Ed jette un œil à sa montre.

– N'oublie pas, nous nous retrouvons devant la chambre des filles dans quinze minutes !

– Non, non, je n'oublie pas, répond Tom en sortant.

– Qu'est-ce qu'il a ? veut savoir Léna.

Je hausse les épaules.

– Comme d'habitude : il est amoureux. Il a prévu de demander à Vic de sortir avec lui, ce soir.

Léna se couvre le visage des deux mains.

– Oh, le pauvre !

Ça y est, c'est l'heure. À Léna et moi de jouer. Ed nous accompagne jusqu'au couloir. Nous entrons dans la chambre. Assise devant son bureau, Vic ne lève même pas la tête.

– Salut ! lance Léna avec désinvolture.

– Mmmm, marmonne Vic.

– Au fait, reprend Léna, je voulais te dire… je suis désolée d'avoir oublié ton anniversaire…

J'ajoute aussitôt :

– Oui, moi aussi. Vraiment désolée. Depuis qu'on se connaît, je crois que ça ne m'était jamais arrivé. Mais tu sais, avec cette histoire d'examen…

C'est la goutte d'eau qui fait déborder le vase. Vic se retourne, rouge comme une pivoine, les yeux étincelants de frustration, elle ouvre la bouche pour me lancer sans doute une remarque bien sentie quand…

TOC TOC TOC !

Léna fronce les sourcils.

– Tiens, qui c'est ? demande-t-elle à voix haute en se dirigeant vers la porte.

Avant que Vic ait eu le temps de dire quoi que ce soit, Léna tourne la poignée et ouvre le battant.

– *Joyeux anniversaire, joyeux anniversaire,* chantent en chœur Ed et Tom sur le seuil. *Joyeux anniversaire, Vic, joyeux anniversaire !*

Vic ouvre des yeux grands comme des soucoupes. Elle regarde les garçons, elle nous regarde, puis tourne à nouveau les yeux vers les garçons. Tom est incroyable, il est vêtu d'un smoking ! Oui, un smoking très élégant, avec chemise blanche et nœud papillon. Il porte un énorme et magnifique bouquet de fleurs. Il avance vers Vic et, très chic, lui tend le bras. Cette fois, Vic a les larmes aux yeux. Pour cacher sa gêne, elle nous lance à Léna et moi un regard assassin :

– Oh, vous êtes... vous êtes... Je vous déteste !

Puis, un immense sourire aux lèvres, elle prend le bras de Tom.

Mais au moment où ils allaient passer ensemble dans le couloir, Vic s'arrête.

– Mais je ne peux pas y aller comme ça ! Je ne suis ni habillée, ni coiffée, ni...

Je l'interromps aussitôt.

– Non ! Tu es très bien ! Je te promets !

Il est déjà presque 7 heures et demie et, si on arrive en retard au self, Nakamura va nous transformer en brochettes.

Vic hésite. Tom lui prend la main et lui souffle :

– Tu n'as besoin ni de te changer, ni de te maquiller, Vic. La lumière de tes yeux suffit à t'éclairer tout entière.

Wouah ! Dis donc, il met le paquet, Tom ! Et ça marche ! En temps normal, Vic aurait éclaté de rire et l'aurait remballé avec une petite phrase meurtrière. Là, non. L'émotion ? La surprise ? Je ne sais

pas. Toujours est-il que Vic rosit encore un peu plus, et se laisse convaincre.

Nous faisons une entrée magnifique dans le réfectoire. En voyant les guirlandes et la banderole, Vic bafouille :

– Mais... vous n'avez pas pu préparer ça cet après-midi...

Je souris.

– Bien sûr que non, tout est prévu depuis au moins trois semaines.

Le réfectoire retentit de quelques applaudissements et de « hourra pour Vic ». Il y a aussi deux ou trois sifflets admiratifs et des « bravo Tom ! ». Luka et Zach font de grands signes. Kim, Clarisse et Angie prennent une moue hautaine et méprisante. Elles sont jalouses, c'est évident. Ah ah ! Je jubile !

Et Tom avait raison tout à l'heure, Vic est rayonnante.

YEUX ANNIV SAIRE

Chapitre 4

Joyeux anniversaire... raté

L'atmosphère s'est complètement détendue. Nous mangeons en discutant avec animation. À la fin du repas, Ed se lève et part dans la cuisine. Il va chercher le gâteau. Léna est chargée d'éteindre la lumière.

– *Happy birthday to you ! Happy birthday to you !*

Ed entre à pas lents, en portant le gâteau illuminé de bougies. L'effet est parfaitement réussi. Ed pose le plat devant Vic, qui ferme les yeux et murmure :

– Je vais faire un vœu.

Elle prend une grande inspiration et souffle de toutes ses forces. Les flammes vacillent et s'éteignent... sauf une. Vic doit s'y reprendre à deux fois. Oups, pas de chance pour son vœu. Mais elle ne se laisse pas démonter. Léna rallume la lumière et Vic se jette sur ses paquets.

Elle commence par celui de Ed. Elle ouvre soigneusement un délicat papier de soie. Oh, comme c'est joli ! Vic déplie un superbe justaucorps crème, orné de brillants. Elle le pose devant elle et exécute deux pas de danse.

– Il sera parfait pour l'examen ! déclare-t-elle en lançant un regard entendu à Ed.

Et comme ce matin, Ed ne relève pas. Il ne sourit pas, ne fait pas la tête non plus, d'ailleurs. Il reste seulement imperturbable, mais je crois percevoir malgré tout une lueur de malaise au fond de ses yeux gris.

Hum, mystère, mystère.

Vic s'attaque au deuxième cadeau. Le mien. Il est tout petit. Vic essaie de ne pas déchirer le papier...

– Oh, merci Zoé !

C'est un joli bijou de portable, un petit chat en strass qui s'illumine quand le téléphone sonne. Vic est tellement fière de son portable, je savais que je ne me trompais pas.

Au tour du cadeau de Léna à présent. Vic a posé celui de Tom un peu à l'écart. Elle se le garde pour la fin ; sans doute parce que c'est le plus gros. Le présent de Léna a la forme d'un tube. Vic le déroule et découvre un magnifique poster de Nijinski dans *L'Après-Midi d'un faune*.

– Oh, il est génial ! s'écrie Vic. Je vais le mettre juste au-dessus de mon bureau pour l'avoir toujours sous les yeux.

À côté de moi, Tom est de plus en plus nerveux. Il ne faut que quelques secondes à Vic pour ôter l'emballage. Elle s'arrête, lève les yeux vers Tom, les baisse vers le blouson impeccablement plié, les relève vers Tom, déplie le blouson, dévisage Tom une nouvelle fois, observe l'étiquette...

– Qu'est-ce qu'il y a ? finit par articuler Tom d'une voix angoissée. Il ne te plaît pas ?

Vic bat des cils, enfile le blouson... On dirait qu'il a été cousu sur elle.

– Vic, répète Tom, dis-moi, il ne te plaît pas ?

Et soudain Vic part d'un grand cri de joie.

– Il ne me plaît pas ? Tu es fou ou quoi ? Il est... il est... C'est un Luciano Ameretti !

Et elle se jette dans les bras de Tom qui n'en revient pas.

– Je ne sais pas comment tu as fait, continue Vic, la joue écrasée contre l'épaule de Tom. Tu as dû économiser pendant des mois !

– Je... commence Tom alors que Vic se décolle de lui, les bras écartés, et tourne sur elle-même. Je...

Mais Vic poursuit sans l'écouter :

– J'en rêvais, mais jamais je n'aurais pensé que j'en posséderais un si vite ! Il est fantastique ! Extraordinaire !

– Oui, il est pas mal !

Cette voix immobilise aussitôt Vic. Elle se pétrifie littéralement. Kim et ses clones sont devant elles, toutes les trois les poings sur les hanches. Un dédain immense se lit sur le visage de Kim. Elle regarde le blouson attentivement et soudain éclate de rire.

– Je savais que tes parents t'avaient habituée à traîner la misère, mais j'ignorais que c'était à ce point, lâche-t-elle.

Vic fronce les sourcils. Pour une fois, elle ne trouve rien à répondre. Elle ne comprend pas. Je bombe le torse et je fais un pas en avant.

– Je serais toi, Kim, je dégagerais, et vite ! Tu n'as pas été conviée à cet anniversaire !

Kim hoche la tête sans se départir de son air de supériorité.

– Oui, bien sûr, lance-t-elle, toujours tournée vers Vic et sans m'accorder un regard. Je comprends que tes soi-disant amis n'aient pas très envie que tu saches où ils ont acheté ce blouson !

Vic semble perdue. Elle me fixe puis dévisage Tom. Il ouvre la bouche mais Kim reprend :

– Je voudrais juste être sûre de quelque chose, Vic. Vérifie si, au bas de la poche intérieure droite de ton joli blouson, il n'y a pas une tache rouge, comme de l'encre de stylo qui aurait coulé.

Mécaniquement, Vic obtempère. Elle ouvre le pan du blouson et là, au bas de la poche intérieure, nous pouvons tous voir la petite tache rouge que Tom avait remarquée en achetant le blouson. Vic redresse la tête. Elle comprend de moins en moins.

Kim lève les yeux au ciel et secoue la tête.

– Eh oui, ce blouson m'appartenait, vois-tu. Mais régulièrement, je donne les vêtements qui ne me plaisent plus à des associations pour les pauvres. Je l'ai tout de suite reconnu. C'est cette idiote d'Angie qui avait laissé un stylo dedans. Après, bien sûr, je n'en voulais plus. Mais si mes rebuts sont assez bons pour toi...

Vic a la bouche ouverte.

Kim fait demi-tour, et Angie et Clarisse la suivent comme deux petits chiens obéissants. Mais elle s'arrête de nouveau et tourne la tête :

– Ah, au fait, si tu le souhaites, à présent, je peux te mettre directement mes vieux habits de côté. Comme ça, je ferai ma B.A.

Sur ces mots, satisfaite de son effet, Kim quitte la salle de sa démarche de princesse.

Un grand silence règne dans le self. Kim la peste est sortie. Personne ne bouge. Puis une chaise grince

et Luka traverse la salle à grands pas. La porte bat derrière lui. À mon avis, Kim va en prendre pour son grade. Elle ne l'aura pas volé, mais de toute façon, ce ne sera pas suffisant.

Vic n'a toujours pas bougé. Elle est blanche comme un linge. Elle fixe Tom d'un regard fiévreux.

– Qu'est-ce que c'est que cette histoire ? articule-t-elle avec difficulté.

– Euh... je... bégaie Tom.

Ses yeux me lancent des appels à l'aide désespérés.

– Où as-tu trouvé ce blouson ? insiste Vic d'une voix plus coupante qu'une lame de rasoir.

– C'est à... bafouille Tom. Euh...

Je vole à son secours.

– Nous l'avons trouvé à Trocatout. C'est un magasin associatif qui vend des vêtements d'occasion. Tous leurs bénéfices sont reversés à une association qui aide les enfants démunis à partir en vacances.

J'ai tout débité d'une traite.

– Trocatout, répète Vic comme si elle n'avait pas compris ma phrase. Des vêtements d'occasion...

J'acquiesce.

– Oui, c'est une association qui aide les gens qui en ont besoin.

– Des vêtements d'occasion, murmure encore Vic.

Elle enlève le blouson, le jette sur la table et à son tour disparaît derrière la grande porte à double battant qui donne dans le couloir.

nutritionnelle

Chapitre 5

Comme une mule !

Une fête gâchée. Complètement gâchée. À cause de Kim, cette langue de vipère ! Ah, si je la tenais, je l'étranglerais avec un plaisir non dissimulé.

Les bougies éteintes sur le gâteau que personne n'a entamé me donnent envie de pleurer.

Petit à petit, les autres élèves reprennent leur repas et leurs discussions. Pas besoin d'être extralucide pour deviner de quoi ils parlent.

Tom s'est assis et, le dos voûté, il secoue la tête en se lamentant :

– Je n'aurais jamais dû faire ça, je n'aurais jamais dû faire ça. J'ai été stupide, complètement idiot, le dernier des imbéciles...

– Non mais ça va pas ?

Léna se campe devant lui et le secoue par les épaules. Tom redresse la tête.

– Qu'est-ce que tu racontes, Tom ? continue Léna en colère. Ce n'est pas ta faute ! Ce n'est pas ta faute si Kim est une pimbêche perfide et venimeuse ! Et ce n'est pas ta faute si Vic est tellement snob qu'elle en perd le sens commun ! Tu as acheté un blouson d'occasion dans un magasin associatif et c'est très bien !

– Tu... tu crois ? demande Tom.

– Évidemment ! poursuit Léna fermement en prenant le blouson que Vic a jeté sur la table. Qu'est-ce qu'on en a à faire que ce blouson ait déjà été porté par bidule ou machin ? On dirait qu'il est neuf ! Et c'est exactement celui que Vic voulait.

Elle se tourne vers moi :

– Tu n'es pas d'accord, Zoé ?

Je hoche la tête.

– Si, bien sûr que si, je suis d'accord.

– Alors, viens avec moi, me dit-elle en me prenant par la main. Nous allons tout de suite sonner les cloches à Vic et lui dire à quel point elle est bête de s'arrêter à ce détail !

Impossible de résister à Léna. Je le sais, alors je n'essaie même pas.

J'accorde mon allure à la sienne et c'est au pas de charge que nous remontons le couloir du dortoir des filles. Léna n'a pas lâché le blouson.

Léna fait irruption sans frapper dans la chambre. Vic est assise à son bureau, la tête enfouie dans ses bras croisés.

Léna attaque directement. Ce n'est pas son genre de prendre des pincettes.

– Vic, tu es ridicule !

C'est la surprise, je crois, qui fait relever la tête à Vic. Elle a les yeux rouges et gonflés, les cheveux en bataille.

– Tu es *vraiment* ridicule ! répète Léna en agitant le blouson sous le nez de Vic. Qu'est-ce que ça peut te faire, que ce blouson ait appartenu à Kim ou au

pape ? Tom l'a choisi en pensant à toi, parce qu'il savait que ça te ferait plaisir, que c'est un vêtement que tu voulais absolument... Il s'est donné de la peine pour chercher, trouver et payer ce cadeau. Tu devrais voir dans quel état il est maintenant !

Vic pince les lèvres et plisse les yeux. Oh oh. En général, c'est très mauvais signe !

– C'est pour me dire ça que tu es venue ? éclate-t-elle soudain. Pour me faire la morale ! Tu dis que Tom s'est donné de la peine pour me faire plaisir, mais au moins il n'a pas été obligé de casser sa tire-lire ! J'imagine que ça ne se vend pas très cher, les rebuts ! Pour qui il me prend ? Et pour qui vous me prenez si vous croyez que je vais porter un vêtement dont Kim – *Kim* ! – ne veut plus. Je ne fais pas les poubelles des autres ! Je ne veux pas être la seconde à porter un vêtement, je ne veux pas être la seconde tout court ! Je veux être la première !

Je n'ai jamais vu Vic aussi en colère. Je prends mon courage à deux mains avant de souffler :

– Je ne te comprends pas, Vic. Est-ce que ça n'a aucune importance pour toi que Tom soit malheureux ?

Vic me jette un œil noir.

– Ça m'est bien égal ! Il aurait dû réfléchir avant d'acheter ce blouson débile !

– Mais il ne pouvait pas savoir...

– Il n'avait qu'à pas aller dans une boutique d'occasions, me coupe Vic. Il m'a ridiculisée, il a gâché ma fête d'anniversaire, maintenant tous les élèves de Groove High savent que mes parents sont pauvres et ils doivent bien rigoler !

– C'est faux ! proteste Léna. Personne ne se moque de toi pour cette raison et si quelqu'un le faisait, j'irais lui remettre les idées en place, tu peux me croire !

Vic hausse les épaules.

– De toute façon, je ne veux plus entendre parler de toute cette histoire. Le blouson, il peut le jeter à la poubelle. Je vais prouver à tout le monde que je ne suis pas une ratée, une minable. C'est pour ça que j'ai demandé à danser avec Ed. Il est le meilleur et c'est avec lui que j'ai le plus de chances de mettre mon talent en valeur !

Sur ces mots, Vic se lève, entre dans la salle de bains et s'enferme à clé.

Léna et moi échangeons un regard, où se mêlent stupeur et horreur devant de tels propos.

Une fois de plus, j'ai eu du mal à dormir cette nuit. Je commence à être épuisée. Quand j'ouvre les yeux, Vic sort de la salle de bains. Non, elle n'y a pas passé la nuit. Je l'ai entendue venir se coucher. Mais elle a dû se lever très tôt. Elle est coiffée, maquillée et habillée comme une gravure de mode. Minijupe, bottines, chaussettes, deux vestes superposées. Wouah, elle est superbe !

Elle me tourne le dos et prépare son sac de classe. Les mots qu'elle a prononcés hier soir ont tourné dans ma tête toute la nuit. Vic place sa propre réussite au-dessus de l'amitié. Je n'en reviens pas. Ce n'est pas elle. C'est juste qu'elle était en colère, vexée et triste. Sans aucun doute, après une bonne nuit de sommeil, elle a repris ses esprits. J'ouvre la bouche pour engager la conversation, mais je n'ai pas le temps d'émettre le moindre son. Telle une tornade, Vic passe près de moi sans m'accorder un regard et sort de la chambre. La porte claque derrière elle.

De son lit, Léna me jette un regard entendu.

J'ai été très vexée hier par les propos de Vic. Ce n'est pas avec moi qu'elle voulait présenter les évaluations. Elle n'a jamais voulu danser avec moi, tout simplement parce qu'elle ne me trouve pas assez bonne.

Est-ce que ce n'est pas un peu ce que j'ai fait à Léna ? Moi non plus, je n'ai pas pensé une seconde que nous pourrions danser ensemble. Elle s'est peut-être dit que c'est parce que je ne la trouve pas assez bonne... Je crois que maintenant, je comprends mieux son humeur d'avant-hier.

Léna et moi nous lavons et nous habillons. Nous sommes toutes les deux d'accord : la Groove Team est en crise. Nous devons nous réunir au plus vite.

Quand nous arrivons dans la cour, Vic n'est pas avec Tom et Ed. Je la cherche des yeux...

– Elle est là-bas, me souffle Ed en me désignant un groupe au milieu de la cour.

Oui, je la vois, avec Luka, Zach et deux autres élèves de troisième année. Elle se tortille sous le nez de Luka et rit fort. À côté de moi, Tom est complètement abattu. Je continue d'observer mon amie. À présent, elle a posé ses deux mains sur les épaules de Luka. Je ne peux m'empêcher de noter le léger mouvement de recul que ce dernier esquisse. Cette fois, Vic semble très sérieuse. Luka secoue doucement la tête... puis plus vigoureusement. Il se met à parler de façon animée. Vic se renfrogne. Luka prend Zach à témoin. Soudain, Vic tourne les talons et se dirige droit vers le couloir de l'administration.

Luka la regarde s'éloigner les bras ballants. Puis il tourne la tête et dès qu'il nous aperçoit, il nous fait signe et se dirige vers nous.

– Salut Luka, l'accueille Ed.

Tom ne relève même pas la tête. Zach sourit à Léna, dont les joues rougissent aussitôt. Moi, je n'y tiens plus.

– Qu'est-ce que Vic te voulait ?

– Elle m'a demandé de danser avec elle le jour des évaluations, débite Luka.

– Quoi ?

Tom, Ed, Léna et moi nous sommes écriés en chœur.

– Je lui ai expliqué que ce n'était pas possible. Que c'était contraire au règlement, mais elle n'a rien voulu entendre.

Je lance un coup d'œil vers Ed. Il doit se sentir vraiment lâché. Vic a crié sur tous les toits qu'elle le voulait comme partenaire et maintenant, comme ça, sur un coup de tête, elle va demander à Luka.

Mais non, il ne semble pas le moins du monde perturbé. Il aurait presque l'air soulagé. Ce n'est pas possible, je me fais des idées...

– Elle m'a expliqué que danser avec moi était sa meilleure chance de montrer à tout le monde de quoi elle est capable, poursuit Luka. Elle veut se démarquer et prouver qu'elle n'est pas comme les autres...

– Ça, marmonne Léna, elle n'est pas comme les autres, c'est sûr...

– Et là, elle est partie où ? demande Tom d'une voix faible.

– Demander la permission à Iris Berrens de laisser exceptionnellement une première année présenter son évaluation de fin d'année avec un troisième année.

– Mais je croyais que tu lui avais dit que ce n'était pas possible ! je m'exclame.

– Oui, acquiesce Luka. Et j'ai même ajouté que si je devais danser avec une première année, ce ne serait pas avec elle...

(Évidemment, Luka plonge son regard dans le mien quand il dit ça. Je détourne les yeux.)

– ... mais vous connaissez Vic, termine-t-il en haussant les épaules. Elle est têtue comme une mule !

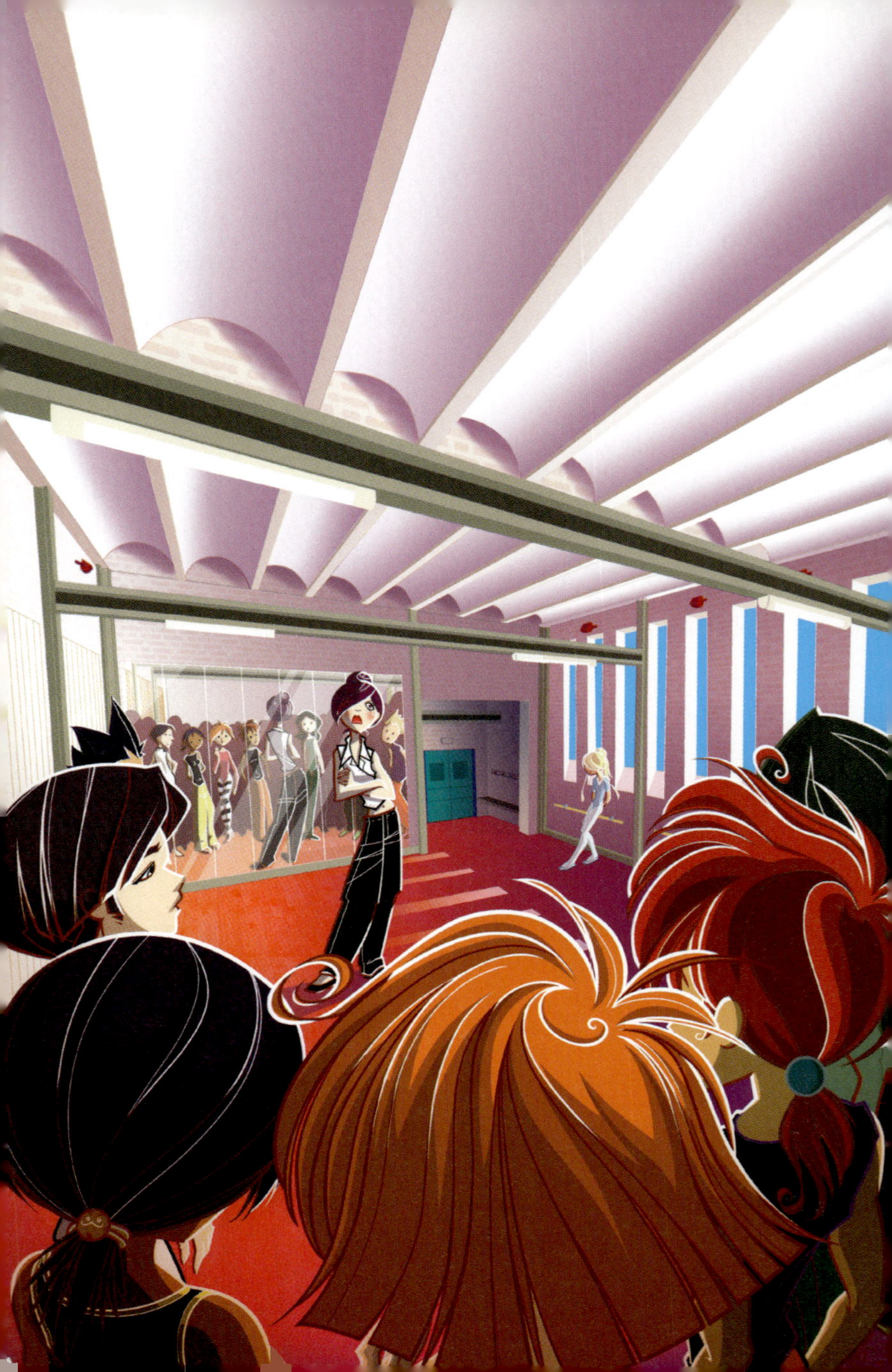

Chapitre 6

Tout est possible

– Jeunes gens…

Iris Berrens se tient au milieu de la salle de danse, les bras croisés. C'est ainsi qu'elle nous a accueillis quand nous sommes entrés. Elle a attendu que tout le monde soit présent avant de commencer à parler. Vic est dans un coin, le visage fermé. Elle évite nos regards.

– Je vais commencer ce cours par une petite mise au point, énonce Iris Berrens d'une voix grave. Il semblerait que certains d'entre vous n'aient pas bien enregistré les règles des évaluations à venir. Je me vois donc dans l'obligation de me répéter et de préciser quelques détails. Les règles sont telles qu'elles vous ont été données lors de la réunion avant-hier matin. Elles ne seront ni modifiées, ni négociées. D'autre part, les fiches que nous vous avons invités à nous remettre afin que nous puissions prendre connaissance de vos préférences ne seront prises en compte que dans la mesure du possible. C'est bien compris ?

Mlle Berrens n'attend pas de réponse de notre part.

– En tout cas, je l'espère car vous seriez sans doute déçus de découvrir au dernier moment que Khan et moi restons seuls décisionnaires dans ce domaine ! Et maintenant au travail !

Nous nous dirigeons tous vers les barres pour nous échauffer. Sans un murmure. Mlle Berrens n'est déjà pas de très bonne humeur, inutile de provoquer ses foudres. Vic s'est placée tout au fond de la salle. Elle doit être terriblement vexée. Même si Mlle Berrens n'a pas prononcé son nom, nous, les membres de la Groove Team, avons bien compris que le rappel du règlement lui était directement destiné. Vic n'a donc pas obtenu sa dérogation et a sans doute récolté en plus un sermon.

Elle ne l'a pas volé.

Mine de rien, Tom a réussi à se placer près de Vic. Il lui sourit gentiment. Je soupire intérieurement. Sacré Tom. Même après tout ce que Vic lui a fait subir depuis hier, il ne parvient pas à lui en vouloir. Tel que je le connais, touché par la mine triste de sa dulcinée, il a décidé d'aller la réconforter. Ah, l'amour !

Ed est à côté de moi. Comme toujours, il est parfaitement concentré. Vic a raison, il est sans aucun doute le meilleur d'entre nous. Sa grâce et sa technique irréprochable le promettent à un grand avenir de danseur étoile. Soudain, je réalise qu'avec tous ces événements, nous ne nous sommes pas demandé quel nom Ed a noté sur sa fiche !

Mlle Berrens interrompt mes pensées en frappant trois fois son bâton de rythme sur le parquet de la salle de danse.

– Des volontaires pour reprendre la chorégraphie de Salvador Inuzca là où nous l'avons laissée la dernière fois ? demande-t-elle.

Où en étions-nous ? On n'a pas travaillé ce morceau depuis quinze jours... Pourvu que Mlle Berrens ne m'interroge pas...

Notre professeur se dirige vers le lecteur CD de son pas gracieux et digne. Elle l'allume, la musique aux consonances brésiliennes emplit la pièce. Cette chorégraphie est super chouette. Un peu technique, mais assez rigolote. Les danseurs sont censés être des tigres qui s'apprêtent à se battre et finissent par jouer ensemble comme deux chatons.

– Monsieur Thomas Müller et mademoiselle Victoria Solis ! lance sèchement Iris Berrens.

Tous les regards se tournent vers le fond de la salle.

Impensable ! Tom et Vic ont osé parler pendant le cours de danse. Et à ma grande stupeur, Vic a les yeux rouges et elle s'appuie sur l'épaule de Tom.

Mlle Berrens les foudroie du regard.

– Très bien ! scande-t-elle. Faites-nous voir de quoi vous êtes capables !

– Mais... proteste Vic, nous ne faisions pas équipe sur cette chorégraphie...

Mlle Berrens la fait taire d'un simple froncement de sourcils.

Tom entraîne Vic au milieu de la salle de danse. Iris Berrens arrête le CD et le fait repartir du début. Mes deux amis se mettent en position.

Tom enlace Vic qui, souple comme un roseau, échappe à son étreinte sans même l'effleurer. Ils se tournent autour, s'évitent, puis Vic s'enroule autour de Tom comme une liane. Lui est toujours exactement là où il doit être. Face à face ou côte à côte, comme transportés par la musique, ils ne font qu'un.

Comme d'habitude, Vic est fantastique et Tom n'a jamais aussi bien dansé. Nous sommes bouche bée.

Quand la musique s'arrête, emportée par mon enthousiasme, j'applaudis à tout rompre. Je ne suis pas la seule. D'autres élèves m'accompagnent et également… Iris Berrens.

– Bravo, bravo ! C'était excellent ! J'étais sûre que vous étiez parfaitement complémentaires !

Eh bien !

C'est plutôt rare de recevoir des compliments d'Iris Berrens...

– Bien sûr, il y a beaucoup d'ajustements à réaliser, sur le plan technique en particulier, surtout pour M. Muller. Mais je dois reconnaître que vous aviez la grâce et le rythme.

Tom sourit jusqu'aux oreilles. Vic a les joues roses de plaisir. Elle a toujours été très sensible aux éloges.

– Bon, se reprend Mlle Berrens en frappant dans ses mains, que chacun se mette en position, nous travaillons les pointes et les jetés ! Allez, allez, à la barre !

Léna s'approche de moi.

– On dirait que Vic va mieux, me souffle-t-elle.

– Oui, mais jusqu'à quand ?

Léna hoche la tête.

– Au moins, elle ne semble plus fâchée après ce pauvre Tom. Peut-être a-t-elle enfin fait marcher sa cervelle.

– Peut-être...

Mais je ne peux m'empêcher de me dire que nos problèmes ne sont pas résolus pour autant. Nous ne savons toujours pas qui dansera avec qui le jour de l'examen final.

En sortant du vestiaire après le cours, je me suis décidée.

– Ed ?

– Oui ?

Ed n'est pas un garçon bavard. Il est réservé et parfois même distant. Pourtant, c'est le meilleur ami dont on puisse rêver. Quoi qu'il vous arrive, il sera toujours à vos côtés. Et puis, le recul qu'il prend sur les choses lui permet de ne pas tomber dans les excès dont Vic, Léna, Tom et moi sommes facilement victimes.

– Ed, je voulais te demander…

– Quoi ?

– Tu… tu ne nous as pas dit avec qui toi, tu désirais danser lors de l'examen ?

Ed s'immobilise. Il devient rouge comme une tomate. Il ouvre la bouche, la referme. Baisse les yeux.

Ed, toujours si calme…

– Zoé, je…

J'aurais dû m'en douter, Ed nous cache quelque chose depuis le début. C'est pour ça qu'il est resté aussi discret sur ses choix et ses envies. Mais pourquoi ? Ah oui, je sais, il veut se produire seul. C'est bien de lui ! Ed toujours en solo. Bien sûr. Et évidemment, ça le gêne de nous le dire. Il est tellement délicat qu'il ne veut pas nous blesser. Et nous qui ne pensons qu'à nous ! Tom à son amour pour Vic, Vic à son succès, Léna à sa peur d'être mise de côté et moi à… ben à moi !

Je m'en veux vraiment. Je vais le mettre à l'aise tout de suite, ce pauvre Ed.

– Oh, tu sais, Ed, tu peux me le dire. J'ai beaucoup réfléchi ces derniers jours et je trouve que j'ai été un peu ridicule et surtout pas mal égoïste. J'ai décidé de mieux écouter les autres et d'essayer de les comprendre. Je veux arrêter de ne penser qu'à moi. Il faut que je grandisse un peu et que j'apprenne à prendre en compte les sentiments des autres.

Ed me dévisage avec de grands yeux. Oui, bon, je m'emballe un peu, c'est vrai...

– Enfin, je veux dire, il n'y a pas de problème. Je pense que j'ai deviné ton secret. Et je te comprends parfaitement...

Ed me prend par les épaules.

– Écoute, Zoé, merci de ta compréhension, merci pour tout, mais je n'ai vraiment pas envie de discuter de tout ça. Ni avec toi, ni avec personne. Tu ne m'en veux pas ?

Sans attendre ma réponse, il tourne les talons et s'éloigne à grands pas.

Chapitre 7

Tout va mal

Je ne pense plus qu'à ça. De quoi exactement Ed ne veut-il pas discuter ? Est-ce que j'ai raison ? A-t-il l'intention de se présenter en solo ? Ou nous cache-t-il autre chose ? Je réfléchis, je cherche... Il faut absolument que je tire ça au clair.

Du coup, hier soir après les cours, je suis restée devant ma fiche de souhaits, bloquée. Incapable d'écrire un nom. Et puis, de toute façon, à quoi bon ? Vic veut être avec Ed, Tom avec Vic, et Léna ne voudra jamais de moi après tout ce que j'ai dit...

Nous devions les rendre ce matin dernier carat. C'est Mlle de Giverny, notre prof de stylisme, qui était chargée de les récupérer. J'ai donné la mienne, vierge.

Après le self, nous avons tous rendez-vous dans la salle de rédaction du *Groove Zine*, c'est-à-dire la réserve de la bibliothèque. Nous devons travailler sur le prochain numéro. Beaucoup d'élèves nous le réclament. Il est temps de nous y mettre. Pourtant, je peux vous assurer que je n'ai pas le cœur à ça. Quel genre d'édito pourrais-je écrire en ce moment ? Je m'y vois d'ici...

L'amitié est un leurre

Chers amis de Groove High, ce dixième numéro du Groove Zine *est placé sous le signe de la désillusion. En effet, après une année de fous rires, de disputes, de catastrophes, de discussions, d'aventures et, pour tout dire, de complicité, je ne peux que vous annoncer que l'amitié ne vaut rien. Les membres de la Groove Team, qui semblaient si unis, ne cessent de se mentir et ne pensent qu'à eux !*

Et j'ajouterais une rubrique :

Carnet noir : Nous sommes au regret de vous annoncer le décès de la Groove Team.

J'ai le moral dans les chaussettes.

D'ailleurs, le repas est plutôt morne. Le nez dans nos assiettes, nous échangeons à peine quelques mots.

Quand nous sortons, chacun part de son côté. J'hésite un instant et je cours après Ed.

– Ed !

Il s'arrête et se retourne vers moi. Je vérifie rapidement que nous sommes bien seuls.

– Ed, il faut que tu me parles. Il faut que tu me dises. Je suis sûre que quelque chose ne va pas... Tu dois m'en parler, est-ce que je n'ai pas toujours été à ton écoute ? Tu sais que je ne te jugerai pas, que je suis capable de te comprendre...

Ed interrompt mon plaidoyer en levant la main.

– Arrête, Zoé. C'est inutile. Je t'ai déjà dit que je ne désirais pas en parler. Ne le prends pas mal. C'est comme ça, c'est tout. Si tu es vraiment une amie, tu dois respecter mon choix.

Je reste bouche bée. « Si je suis vraiment une amie » ?... Est-ce que Ed douterait de mon amitié ? Je bredouille :

– Je... je... je veux juste savoir quel nom tu as mis sur ta fiche !

– Zoé, reprend Ed d'une voix calme mais ferme, laisse-moi tranquille ! De toute façon, tu sais très bien que ce sont les profs qui décideront des binômes, alors à quoi ça te sert de me poser cette question ? Et puis, ça ne regarde que moi.

Là-dessus, et pour la deuxième fois en deux jours, Ed s'en va en me laissant plantée là.

Je n'ai pas encore eu le temps de me remettre de mes émotions que Tom me tombe dessus.

– Zoé, je te cherchais !

Je lève vers lui un visage désespéré. Mais il est excité comme une puce et ne remarque rien.

– Il faut que je te parle ! J'ai décidé de demander à Vic de sortir avec moi. Si je n'ai pas l'occasion aujourd'hui, j'attendrai demain, mais pas un jour de plus. Cette fois, je le sens, c'est maintenant ou jamais !

Je cligne des yeux. Entre celui qui refuse de me parler et celui qui me raconte par le menu tout ce qu'il va faire, j'ai un peu de mal à m'y retrouver.

– Euh... oui, Tom...

Tom me prend par les épaules et me plaque un gros bisou sur la joue.

– Merci, Zoé, je savais que tu me soutiendrais. Tu es vraiment une amie en or.

Et pouf ! Lui aussi, il disparaît.

J'ai la tête prête à exploser.

Je me suis réfugiée dans la chambre où j'ai retrouvé Vic et Léna, chacune attablée à son bureau. Je les ai imitées et je fais semblant d'être plongée dans mon travail. Léna a installé Paco devant elle et le laisse farfouiller dans sa trousse. Vic écrit je ne sais quoi comme si sa vie en dépendait. Soudain, je n'en peux plus. Je lève la tête et je me tourne vers elles. Au même moment, elles en font autant.

– Léna, je...

– Zoé, en fait...

– Vic, tu...

– Oh, excuse-moi, je...

– Non, non, tu peux...

– Écoute, Zoé...

– Non, Léna, il y a...

– Vic, je suis...

Nous avons toutes parlé en même temps.

Nous nous regardons... et nous éclatons de rire. Oh, ça fait du bien ! Les larmes me montent aux yeux. Léna, Vic et moi nous jetons dans les bras les unes des autres. Je serre mes amies contre moi.

– Je suis vraiment désolée pour tout ce que je vous ai dit à toutes les deux depuis une semaine. J'ai été trop nulle, je n'ai pensé qu'à moi...

– Arrête, Zoé, moi je ne t'en veux pas... me rassure Léna, enfin, je ne t'en veux plus. Je comprends, Vic est ta meilleure amie. C'est normal que tu aies eu envie de présenter les évaluations avec elle.

– Non, proteste Vic. Tout est ma faute, c'est moi qui n'ai pensé qu'à moi. Je savais très bien que ce n'était pas sympa de ma part de ne pas discuter avec vous de mes projets...

J'ajoute :

– Vic est ma plus vieille amie mais depuis cette année, vous êtes toutes les deux mes meilleures amies. Je ne fais pas de différence !

– C'est vrai ? sourit Léna dont les joues brunes rosissent.

Vic la serre de nouveau contre elle.

– Bien sûr que oui. Et moi non plus, je ne fais pas de différence. Nous sommes toutes les trois les meilleures amies !

Nous nous asseyons. Je me sens soudain aussi légère qu'une plume. Comme si le poids qui pesait sur ma poitrine s'était envolé.

– En tout cas, Vic a raison, déclare Léna, nous devons faire quelque chose pour la Groove Team. Nous ne pouvons pas la regarder exploser sans rien faire.

J'acquiesce.

– C'est sûr, mais franchement, je ne vois pas de solution.

– Il faut tout remettre à plat, affirme Vic. Lister les problèmes et les résoudre un par un.

Je reconnais bien là le sens de l'organisation de Vic !

– À mon avis, lance Léna en regardant Vic, le premier souci, c'est Tom et toi...

Je hoche la tête.

– Oui, je suis assez d'accord.

Vic se raidit un peu et baisse le nez.

– Qu'est-ce que je peux faire ? murmure-t-elle d'une voix à peine audible.

Léna et moi échangeons un regard entendu.

– Oh, je sais ce que vous pensez, reprend Vic. Je n'ai pas été très maligne ces derniers jours...

Je me mords la lèvre. Vic continue.

– Vous avez raison. Je suis trop stressée à cause de ces examens et de ces binômes. Et puis, il y a eu l'histoire de ce blouson et... Vous comprenez, si je le porte, Kim passera ses journées à se moquer de moi... Pourtant, même si ça ne se voyait pas, le cadeau de Tom m'a réellement touchée...

– C'est vrai ? s'écrie Léna, toute contente. Tu le lui as dit ?

Vic prend un air gêné.

– Non, je... je n'ai pas eu l'occasion...

J'interviens :

– Moi, je crois que c'est ça notre problème à tous. On ne se parle pas assez. Du coup, tous ces non-dits se transforment en catastrophes.

Bien sûr, en prononçant ces mots, je pense à Ed. Léna pose sa main sur celle de Vic.

– Tu sais, murmure-t-elle, je te l'ai souvent répété, mais Tom est vraiment un garçon chouette...

– Oui, je sais, acquiesce Vic. Je n'ai jamais dit le contraire !

– Et il est amoureux de toi, continue Léna. Son seul but dans la vie est de te faire plaisir.

Après un silence, elle ajoute :

– Quand je vous regarde, je trouve que vous allez vraiment bien ensemble. Il suffisait de vous voir hier au cours de danse. Tu devrais sortir avec lui. Vous êtes faits l'un pour l'autre.

Vic la dévisage avec des yeux ronds.

– Faits l'un pour l'autre, Tom et moi ? Sortir avec Tom ? Moi ? Ça ne va pas, non ? C'est vrai qu'il est mignon comme tout. C'est vrai qu'il me fait rire, c'est vrai qu'il a toujours un geste gentil à mon égard et qu'il me soutient à chaque fois, quoi qu'il arrive, mais... je ne *peux* pas sortir avec lui. D'abord, il a presque un an de moins que moi et puis... et puis, je ne sais pas, moi. Il n'a pas la classe ! Jamais je ne sortirai avec lui !

Les épaules de Léna s'affaissent. Elle me jette un regard affligé. Au moins, elle aura essayé.

Chapitre 8

Un baiser torride

Léna, Vic et moi avons discuté toute la soirée. C'était bon de se retrouver. Malgré tout, après la tentative de Léna, nous n'avons plus vraiment abordé les sujets qui fâchent et rien n'a avancé pour la Groove Team.

Nous n'avons pas vu les garçons. Tom nous avait laissé un mot pour nous prévenir que Jérémy l'avait autorisé à dîner et dormir chez Ed. Ils ont prétexté je ne sais quoi et, de toute façon, Jérémy gobe tout.

À la fin de la journée, tout sera terminé. Ce matin au petit déjeuner, Iris Berrens a fait passer une annonce pour demander à tous les première année de se présenter au grand amphi à 18 heures. Elle a constitué les équipes de façon à ce que nous puissions nous mettre au travail ensemble le plus vite possible.

Vic a téléphoné aux garçons pour les prévenir.

Tom est arrivé avec un petit paquet qu'il a tendu à Vic. C'était un très joli porte-clés.

– C'est en attendant que je te trouve un autre cadeau, lui a-t-il murmuré.

Décidément, ce garçon est toujours plein d'attentions.

Nous sommes dans le parc. Tous ensemble. Ed nous a rejoints à 10 heures. Tom fait de son mieux pour détendre l'atmosphère et nous faire rire. Il y arrive. Il faut reconnaître que ses imitations sont irrésistibles.

– Refais-nous Nakamura, le supplie Léna.

– Non, non, M. Sizlak, réclame Vic qui est peut-être celle d'entre nous qui rit le plus fort.

Tom, bon prince, s'exécute. On en oublierait presque nos soucis.

Mais seulement presque.

Léna, Ed et moi avons trouvé un moment pour discuter. Je dois me mordre la langue pour ne pas harceler Ed à nouveau. Quoi qu'il en soit, nous sommes tous d'accord. Tom est le garçon qu'il faut à Vic. C'est évident ! Elle est la seule à ne pas se rendre compte qu'ils sont faits pour être ensemble.

Hier soir, Tom a parlé à Ed de sa décision de faire sa demande à Vic aujourd'hui même. Nous avons tous peur pour lui. Vic est capable de l'envoyer promener assez cruellement. Ce ne serait pas la première fois. Du coup, nous nous sommes partagé la tâche. Ed est chargé de prendre un moment pour mettre Tom en garde et le prévenir de ne pas trop se faire d'illusions, et Léna et moi allons faire notre possible pour convaincre Vic.

Le grand moment est arrivé.

Non, il n'est pas encore 18 heures. Il s'agit de *l'autre* grand moment de la journée.

Vic est allée chercher un paquet de mouchoirs dans la chambre. À peine était-elle entrée dans le hall que Tom s'est levé à son tour pour lui emboîter le pas. Il nous a courageusement souri avant de s'éloigner.

Ni une, ni deux, Ed, Léna et moi le suivons.

Hors de question de laisser nos deux amis seuls dans une situation si délicate.

Cachés derrière la grande plante du hall, nous entendons Tom :

– Vic ! Vic ! Attends-moi ! Il faut que je te parle !

Vic ralentit le pas et laisse Tom la rejoindre.

Zut, ils sont trop loin. On n'entend rien.

Seul Tom ouvre la bouche. Vic l'écoute. Très vite, elle secoue la tête. Tom la prend par les épaules...

Ils reviennent par ici ! Génial !

– Tom, nous devons vraiment parler tous les deux, dit Vic. Asseyons-nous là. Il n'y a jamais personne qui passe dans le hall, le dimanche.

Tom obéit docilement. Ça n'aurait pas pu être mieux. Ils nous tournent le dos, mais s'installent à deux pas de notre cachette.

Tom prend les mains de Vic.

– Vic, je...

– Tom, l'interrompt-elle. Tais-toi. Ne dis rien. Je sais ce que tu vas me demander mais...

Les poils de mes avant-bras se hérissent.

– ... mais je ne peux pas sortir avec toi !

Le fragile espoir que j'avais en moi s'écroule d'un seul coup. C'est vrai, de voir Vic si gentille et pleine d'égards pour Tom, de ne pas l'entendre l'envoyer proprement promener comme elle le fait d'habitude m'avait, contre toute logique, rendue optimiste.

– Tu comprends, poursuit Vic d'une voix douce, je... nous ne sommes pas faits l'un pour l'autre. Tu es drôle, c'est vrai, et tu es aussi toujours là pour moi, tu es un ami précieux et attentionné...

Et malgré tout, elle ne veut pas sortir avec lui ? Mais qu'est-ce qu'il lui faut ?

– Mais... tu es aussi... maladroit et puis... et puis tu... tu manques de classe !

– Je manque de classe ?

Nous distinguons un haussement d'épaules de Vic.

– Oui, tu comprends, je fais des efforts pour être toujours dans la tendance et toi... Tiens, prends ta queue-de-cheval par exemple... c'est pas du tout à la mode !

– Mais je l'aime bien, moi, ma queue-de-cheval, proteste Tom.

– Je sais, souffle Vic, c'est justement ça le problème.

Je connais Tom, c'est maintenant qu'il va s'effondrer. Ou alors pire, il va décider de couper sa queue-de-cheval...

Il toussote. Puis il prend les mains de Vic dans les siennes.

– Écoute, Vic, tu dois savoir que je suis tombé amoureux de toi au premier regard. Pour tout ce que tu dégages, c'est vrai. Mais depuis, j'ai appris à te connaître et, malgré tes défauts, chaque jour je t'aime plus que la veille...

– Malgré mes défauts !

Vic manque de s'étrangler. S'il y a une chose à laquelle elle ne s'attendait pas, c'est bien que Tom (ou qui que ce soit d'ailleurs) lui parle de ses défauts. En fait, elle est persuadée qu'elle n'en a pas.

Mais Tom ne se démonte pas.

– Oui, tes défauts. Tu as mauvais caractère, tu es colérique et susceptible, tu as un énorme complexe de supériorité et tu t'intéresses beaucoup trop à ce que les gens pensent de toi.

Rien que ça ! Quelle brochette ! Cette fois, il va se prendre une gifle, Tom, et... il l'aura bien cherché.

Mais non. Vic reste silencieuse. Puis au bout d'un moment, elle dit d'une petite voix :

– Tu trouves que j'ai autant de défauts que ça ?

– Ben oui, acquiesce Tom, mais tu as aussi tellement de qualités : tu es intelligente, responsable, douée, généreuse, artiste, fine, belle, tu as une forte personnalité... J'aime tout chez toi ! Tes défauts et tes qualités, tes rires et tes bouderies, ton intransigeance et tes faiblesses, tes yeux, ta bouche...

Et pris dans son élan lyrique, Tom enlace Vic et... l'embrasse éperdument.

Je ferme les yeux, je ne veux pas voir ça...

Que se passe-t-il ? Pas de cris, pas de gifle, pas de « non, mais ça va pas non ? » ! J'ouvre prudemment une paupière. À côté de moi, Ed et Léna sont bouche bée.

Vic est en train de rendre son baiser à Tom !

Nous nous sommes éclipsés sans bruit.

Nous avons attendu l'heure de la réunion en ne parlant que de Vic et Tom. Léna était d'avis que ça ne durerait pas. Vic s'était laissée aller, ce qui ne lui arrivait pas souvent, mais dès qu'elle se reprendrait, elle dirait à Tom d'aller se faire voir. Ed et moi, plus optimistes, pensons plutôt que cette fois, Tom a su toucher juste. Il faut reconnaître que sa déclaration était magnifique.

En tout cas, ni l'un ni l'autre ne sont réapparus.

Quand, à 5 heures et demie, Léna et moi retournons dans notre chambre, pas de Vic en vue.

– Bon signe ou mauvais signe selon toi ? me demande Léna.

– Aucune idée.

Et tout à coup, je me sens toute faible. Je me laisse tomber sur ma chaise.

– Qu'est-ce qui t'arrive ? s'inquiète Léna. Tu es toute blanche !

– Je ne sais pas. Enfin, si, je sais... c'est que... on va bientôt savoir pour les examens et... tu sais, je n'ai rien mis sur ma fiche et je me demande avec qui je vais me retrouver.

Léna s'approche de moi.

– Ne t'en fais pas, tente-t-elle de me rassurer. Il ne peut rien se passer de vraiment mauvais. Moi non plus, je n'ai rien mis sur ma fiche. Si ça se trouve, on va être ensemble ! Et souviens-toi, Iris Berrens a dit que de toute façon, c'est elle qui décide...

Je hoche la tête. Léna me tend la main.

– Allez viens, bouge-toi.

Je secoue la tête.

– Pars devant. J'ai besoin de rester un peu seule. Il faut que je me reprenne.

– Tu es sûre ?

– Oui, certaine... Euh... Léna ?

– Quoi ?

– Je serais vraiment super contente qu'on soit ensemble.

– Moi aussi. À tout de suite, je t'attends devant l'amphi.

– D'ac. À tout de suite.

La porte se referme sur Léna. Je me concentre pour essayer de ralentir les battements de mon cœur. Après tout, c'est vrai, Léna a raison. Que pourrait-il se passer de grave ? Je peux faire confiance à Mlle Berrens. Elle choisira au mieux.

Chapitre
9

Argh ! Ma vie est finie !

Ça y est, ça va mieux. Ma respiration est de nouveau (presque) normale. Je peux me lever. Et il est temps.

Je remonte le couloir en courant. Si je ne me dépêche pas, les autres vont finir par s'inquiéter. Tiens, mais c'est Khan et Mlle Berrens, là-bas. Ils sont en train de discuter. Ils me tournent le dos. Je ralentis et je m'approche. Il me suffit de marcher derrière eux, en gardant un peu mes distances.

– Tu es prête, Iris ? Tu sais que comme tous les ans, nous allons devoir affronter les récriminations des élèves qui ne seront pas d'accord avec nos choix.

Mlle Berrens hoche la tête.

– Oui, mais c'était facile cette année. Tout m'a semblé absolument évident, pas toi ?

Khan hoche la tête.

– Si, sauf peut-être pour le jeune Kauffmann. Il avait vraiment très envie de se présenter avec la petite Vandenberg…

Je ne respire plus. Est-ce que j'ai bien entendu ? Ed a demandé à faire équipe avec Kim ! Avec *Kim* ! C'est… c'est impossible ! Sous le choc, je n'ai pas entendu la fin de la phrase de Khan. Mlle Berrens reprend :

– Heureusement que…

Mais une voix l'interrompt. Celle de Nakamura.

– Mademoiselle Berrens !

Je me plaque contre le mur. Elle arrive vers nous à grands pas. Vite, trouver une bonne raison d'être là. Je m'agenouille et je fais semblant de refaire mon lacet.

De toute façon, elle ne me prête aucune attention.

– Dois-je faire entrer les élèves, mademoiselle Berrens ? Ils sont en train de s'agiter devant l'amphithéâtre et…

– Oui, Yûko, faites-les entrer.

Je garde les yeux fixés sur mon lacet. Quand je pense que j'ai laissé Léna prendre un peu d'avance pour me calmer, c'est raté !

J'entre sans bruit et je rejoins Ed et Léna. Je n'arrive pas à les regarder dans les yeux. Surtout Ed. Je marmonne :

– Où sont Vic et Tom ?

– Pas de nouvelles, bonnes nouvelles, chuchote Léna alors que je m'assois à côté d'elle.

– Les voilà ! murmure Ed qui surveillait la porte.

Incroyable. Ils arrivent ensemble et Vic porte... le blouson que Tom lui a offert pour son anniversaire.

Quand Vic passe devant Kim, la peste s'apprête à ouvrir la bouche mais Vic la prend de vitesse :

– J'ai compris pourquoi tu ne voulais plus de ce blouson, lâche-t-elle d'une voix claire. Tu as des bras beaucoup trop longs, ça devait être ridicule ! Moi, il me va très bien !

Et elle s'éloigne sans lui accorder un regard supplémentaire. Kim est rouge comme une pivoine. Si on n'était pas en public, sûr, elle se jetterait à la gorge de Vic !

Mais alors, finalement, on dirait que ce n'est pas Vic qui a changé Tom, mais Tom qui a changé Vic !

Ils prennent place juste derrière nous. Au moment où ils s'assoient, Iris Berrens et Khan apparaissent sur la scène.

– Jeunes gens, commence la directrice. Je vais maintenant vous annoncer les partenaires avec qui vous devrez travailler. Khan et moi avons pris soin de réfléchir aux niveaux et à la complémentarité de chacun.

Mon cœur est reparti de plus belle. Et j'ai très froid tout à coup. Léna me prend la main.

– Clarisse Lachva et Angie Brown, Axel Debus et Lorena Farelli, Jennifer Judd et Zadig Colin...

Mes oreilles bourdonnent. Je serre la main de Léna. Quand va-t-elle parler de la Groove Team ?

– Victoria Solis et...

Ça y est ! C'est nous !

– ... Thomas Müller...

Tom ! Tom et Vic sont ensemble !

– Helena Rougedieux et Edward Kauffmann...

Léna et Ed !

– Zoé Myer et...

Zoé Myer ! C'est moi !

– ...Kimberley Vandenberg.

Je crois que pendant un instant, mon cœur s'est vraiment arrêté de battre. Ma vision s'est brouillée. Mes oreilles se sont mises à bourdonner. Non, ce n'est pas possible, je me suis trompée. Mlle Berrens n'a pas pu dire : « Zoé Myers et Kimberley Vandenberg. »

Et puis soudain, j'entends à nouveau. La voix d'Iris Berrens se détache et résonne comme si je me trouvais dans un immense hall.

– J'ai composé ces binômes après mûre réflexion et en prenant en compte un maximum de critères. Je sais que pour certains, la période d'examens sera plus difficile que pour d'autres. Mais j'attends de vous, comme toujours, le meilleur !

Je tourne doucement la tête vers Kim.

Son visage reflète le même désespoir mêlé d'incrédulité que le mien !

Et on n'est pas les seuls à faire la tête : Vic pour commencer, alors que Tom est aux anges, et surtout, surtout Ed… Parce que lui, il voulait vraiment danser avec Kim ! « Période d'examens difficile », vient de dire Mlle Berrens. À mon avis, ça va être pire que ça ! Sans le savoir, elle vient de déclencher une véritable guerre nucléaire.